LE DIVORCE

DEVANT LE PARLEMENT FRANÇAIS

PAR

M. le chanoine ALLEGRE

Docteur en Théologie et en droit Canon,

« Quand un peuple a le divorce
dans ses lois, on le loue de ce
qu'il ne le pratique pas. »
(TROPLONG)

PARIS
REMY, LIBRAIRE
RUE DE VAUGIRARD, 25

1889

LE DIVORCE

DEVANT LE PARLEMENT FRANÇAIS

PAR

M. le chanoine ALLEGRE

Docteur en Théologie et en droit Canon.

> « Quand un peuple a le divorce
> dans ses lois, on le loue de ce
> qu'il ne le pratique pas. »
>
> (TROPLONG)

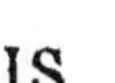

PARIS

REMY, LIBRAIRE

RUE DE VAUGIRARD, 25

—

1889

LE DIVORCE

DEVANT LE PARLEMENT FRANÇAIS [1]

> « Quand un pays a le divorce dans ses lois, on
> le loue de ce qu'il ne le pratique pas » (TROPLONG).

L'Église a toujours professé cette doctrine que le mariage est indissoluble ; elle condamne la dissolution du mariage du vivant des époux, c'est-à-dire le divorce, soit qu'on veuille le fonder sur le consentement mutuel des époux, soit qu'on allègue des causes déterminées, des faits qui rendent trop pénible la vie commune, comme l'adultère, des excès ou des injures graves. Elle consent seulement, en présence de ces causes, à accorder la séparation de corps, c'est-à-dire à dispenser les époux de la cohabitation sans rompre le lien du mariage et sans permettre aux époux séparés de contracter une nouvelle union.

Le droit français n'est pas resté fidèle à cette doctrine.

La législation française sur le mariage antérieure à la Révolution était entre les mains de l'Église. Aussi, tout en admettant pour cause d'adultère, d'excès ou d'injures très graves la séparation de corps ou d'habitation, *divortium quoad thorum et habitationem*, prononcée par le juge d'Église, ne permit-elle jamais le divorce, *divortium quoad fœdus et vinculum*. Ce principe resta en vigueur jusqu'en 1792, malgré les empiétements incessants du pouvoir civil en matière de mariage, qui finirent notamment par attribuer aux juges civils la connaissance des affaires de séparation de corps.

Mais par esprit d'hostilité contre l'Église (2), la loi du 20 sep-

(1) Extrait de la *Science catholique* de février 1889.
(2) Cf. Encyclique *Arcanum*, p. 32.

tembre 1792 admit le divorce, non seulement pour les causes déterminées qui permettaient auparavant d'obtenir la séparation de corps, mais même par consentement mutuel, et supprima la séparation de corps.

Tel est encore, sauf des modifications de détail apportées à cette loi durant la période révolutionnaire, le régime en vigueur en 1803 lors de la rédaction du Code civil. Ce Code maintient le principe de 1792, tout en soumettant le divorce à des conditions plus sévères; mais il rétablit à côté du divorce la séparation de corps.

Sous la Restauration, la loi du 8 mai 1816, rendue sur la proposition de M. de Bonald (1), et voulant mettre la législation en harmonie avec la doctrine de l'Église, abolit le divorce en conservant la séparation de corps.

La réaction se fit sentir en 1831, 1833 et 1834; quatre fois la Chambre des députés vota le rétablissement du divorce, quatre fois la Chambre des pairs repoussa le projet (2).

Le 26 mai 1848 (3), M. Crémieux, ministre de la justice, présenta à l'Assemblée nationale une proposition semblable; mais elle ne vint pas en discussion.

En 1876, M. Naquet réveilla cette question assoupie. Son projet fut l'objet d'un rapport défavorable la même année (4) et ne put pas être discuté avant la dissolution de la Chambre des députés. Il fut repris devant la Chambre nouvelle qui le repoussa en 1881 (5). Mais la troisième législature vit adopter en 1882 (6) la proposition de rétablissement du divorce, non plus par consentement mutuel, mais pour causes déterminées, et avec maintien de la séparation de corps; c'est la loi du **27 juillet 1884**.

L'objet de ce travail est d'examiner et de discuter, *à l'aide des débats parlementaires*, les arguments formulés pour et contre le divorce. Nous laissons de côté les principes de droit naturel et de théologie, non point parce qu'ils manquent de valeur, mais parce qu'ils sont traités ailleurs. On a parfois reproché aux théologiens et aux philosophes d'être *idéologues* et de s'inspirer avant tout de

(1) Proposition de loi, *Moniteur* du 29 décembre 1815, p. 1135, col. 2.
(2) *Moniteur*, 1831, p. 2390 et 2396; 1833, p. 816, 817 et 1482; 1834, p. 411.
(3) *Moniteur*, 1848, p. 1175, col. 3.
(4) *Journal officiel* du 10 décembre 1876, p. 9192, col. 3.
(5) *Idem*, Débats parlementaires, Chambre des députés, 1881 (8 février, p. 200, col. 3.
(6) *Idem*, 1882 (20 juin, p. 962, col. 1.

vues théoriques; ici nous ferons parler des hommes qui sont habitués au maniement des affaires publiques et qui, par conséquent, connaissent les nécessités de la vie sociale. Au fond, nous retrouverons les mêmes principes envisagés à un point de vue un peu différent : *non nova, sed nové*.

1.—Pour introduire le divorce dans la loi française, le législateur de 1792 déclare dans son préambule (1) partir de cette idée que le mariage, étant un contrat purement civil, doit se dissoudre comme tous les contrats civils par l'accord des parties contractantes. La conséquence logique de ce principe était l'admission du divorce par consentement mutuel.

Le principe ainsi formulé n'était pas absolument exact même dans la sphère des contrats purement civils ; car seuls les contrats à titre onéreux se dissolvent par le consentement des contractants. Fût-il vrai en termes généraux, il serait encore inapplicable au mariage. En effet, nul ne saurait contester que le mariage n'est pas un contrat ordinaire, mais une convention à part à raison de son objet tout spécial. Les relations qu'il crée entre les contractants, et la fin en vue de laquelle il les unit empêchent de le traiter comme les contrats ordinaires, de l'assimiler à une vente ou à une convention de bail.

Le principe de 1792 était pourtant celui qu'invoquait, en 1876, M. Naquet (2) pour demander le rétablissement du divorce ; par conséquent il admettait le divorce par consentement mutuel (3). Mais cette idée eut peu de succès même auprès de ceux qui soutinrent le projet de loi et le divorce par consentement mutuel (4); et lors de la discussion au Sénat, les partisans du divorce, abandonnant le divorce par consentement mutuel (5) se placèrent à un point de vue tout différent de celui de 1792 (6). Ils déclarèrent que l'indissolubilité absolue du mariage serait l'idéal, mais que, devant la nécessité qui s'impose d'admettre au moins un tempérament, la séparation de corps, et en présence des inconvénients graves de la séparation, le divorce est préférable. On l'admettra donc pour les mêmes causes déterminées et avec les mêmes garanties que la séparation de corps.

(1) Dalloz, *Répertoire*, t. XXXIX, p. 887, col. 1.
(2) *Exposé des motifs, Journal officiel* du 22 juin 1876, p. 4100, col. 3.
(1) *Proposition de loi ; Journal officiel* du 28 juin 1876, p. 4601, col. 2.
(2) Léon Renault, *Rapport, Journal officiel* du 31 janvier 1880, p. 4101, col. 1.
(3) *Journal officiel*, Débats parlementaires, Sénat, 1884 (5 juin), p. 1035, col. 3.
(4) Martin-Feuillée, *Discours, Ibidem*, (29 mai), p. 985, col. 3.

Qu'il faille admettre la séparation de corps, c'est une indiscutable nécessité. Il se présente, en effet, des cas où, soit une fatale méprise, soit un changement complet dans les mœurs et les sentiments, transforment l'union conjugale en un supplice insupportable. Aussi l'Église autorise-t-elle dans certaines circonstances déterminées la séparation d'habitation. Il faut seulement observer que, prononcée par le juge civil, elle n'opère absolument rien au for de la conscience, et qu'on ne peut y recourir à moins d'y être autorisé par le juge ecclésiastique, et même il ne convient jamais de s'adresser au juge laïque, avant d'avoir le consentement du pouvoir ecclésiastique.

Sur la nécessité pour le législateur d'admettre la séparation de corps, tout le monde est d'accord. Personne ne conteste non plus que le régime de la séparation de corps présente des inconvénients ; mais où la controverse s'élève, c'est lorsqu'on prétend que le divorce en présente moins et doit pour ce motif être admis par le législateur.

A. — Quels sont donc ces inconvénients de la séparation de corps ?

C'est d'abord, dit-on (1), de punir l'époux innocent autant que l'époux coupable. Voilà un homme que les désordres de sa femme ont obligé à demander la séparation de corps, ou une femme qui a dû recourir au même remède contre les mauvais traitements de son mari ; ils sont jeunes encore peut-être, et la séparation de corps va leur imposer un veuvage perpétuel.

Telle est la thèse favorite des romans et des drames (2). Le fait sur lequel elle repose est incontestable ; le veuvage perpétuel qu'entraîne la séparation de corps peut être pénible. Mais à cette considération on a répondu en disant (3) : « La législation dans sa marche impitoyable rencontre bien des situations individuelles dignes d'intérêt et de sympathie ; elle passe, et, en passant, souvent elle broie, elle écrase ; elle représente un intérêt supérieur, elle représente l'intérêt de tous, et il y a des misères auxquelles elle ne peut donner que sa compassion. » Si donc l'on démontre tout à l'heure que l'indissolubilité du mariage est com-

---

(1) *Idem*, p. 987, col. 3.

(2) E. Augier, *Madame Caverlet*. — Legouvé, *Une séparation*. — A. Dumas, *La Question du divorce*. — Pour la réfutation de A. Dumas, voir Miguel Sanchez, *Le Divorce*.

(3) Allou, *Discours, Journal officiel*, Débats parlementaires, Sénat, 1884 (29 mai), p. 990, col. 2.

mandée par l'intérêt social, il faudra obliger l'époux séparé et innocent à faire à cet intérêt social le sacrifice de sa jeunesse ; s'il a des enfants que la justice lui confie, il sera soutenu par leur amour.

Mais, ajoute-t-on, bien des époux séparés, l'expérience le prouve, incapables de supporter cette solitude, contractent des liaisons coupables. Et ces désordres sont encore un inconvénient de la séparation de corps que le divorce fera cesser en permettant un nouveau mariage légitime (1).

Ici il faut se mettre en garde contre les assertions trop pessimistes. Il y a, en effet, bien des maris qui, après la séparation obtenue contre leur femme, gardent la foi jurée au mariage : il y a surtout des femmes qui dans ces conditions vivent dans un isolement aussi respectable que celui de la veuve (2).

Les préoccupations des partisans du divorce se portent surtout vers les ouvriers des villes (3). Même de ce côté le divorce n'a pas l'heureux effet que l'on prétend ; on le voit par ce qui se passe dans les classes ouvrières au décès de l'un des conjoints : les seconds mariages en pareil cas y sont rares : c'est à l'union libre que profite la liberté (4).

Enfin « ce qui pousse à l'adultère, ce sont les mauvaises mœurs des époux séparés, et non point la séparation de corps ; et les mauvaises mœurs, c'est la fragilité du lien conjugal qui les déchaîne (4). »

On insiste encore et l'on fait ressortir à un troisième point de vue les inconvénients de la séparation en disant que la femme qui l'a obtenue va rester au point de vue de ses intérêts sous la dépendance de son mari, et dans l'obligation de solliciter l'autorisation maritale d'un homme guidé par le sentiment de la vengeance et les calculs les plus odieux (5).

A cet argument la réponse est facile ; pour faire disparaître cet inconvénient de la séparation de corps, point n'est besoin de rétablir le divorce, il suffit de changer la loi en ce qui concerne l'exercice de l'autorité maritale après la séparation prononcée.

(1) Naquet, *Idem*, Chambre des députés, 1882 (15 juin), p. 920, col. 3.
(2) Chesnelong, *Idem*, Sénat, 1884 (19 juin), p. 1111, col. 3.
(3) Lafond de Saint-Mür, *Idem* (26 mai), p. 961, col. 3.
(4) Allou, *Idem*, (29 mai), p. 991, col. 2.
(4) Louis Legrand, *Le mariage et les mœurs en France*, p. 218.
(5) Martin-Feuillée. *Discours. Journal officiel, Débats parlementaires*, Sénat, 1884 (29 mai). p. 987, col. 3.

Tel est le but d'un projet de loi présenté au Sénat par MM. Batbie, Allou, Denormandie et Jules Simon (1), qui, en même temps qu'il précise certains cas de nullité du mariage, modifie la procédure et le régime de la séparation de corps.

Le système le plus simple eût été de rendre à la femme séparée la pleine capacité comme si elle était veuve; au cas où elle en eût abusé, il n'y aurait eu qu'à employer le procédé de droit commun, la nomination d'un conseil judiciaire : ce système fut soutenu au Sénat par MM. Paris (2) et Naquet (3). Mais M. Denormandie (4) objecta que la puissance maritale survit à la séparation de corps, le mariage n'étant pas rompu, et que, dans l'intérêt des enfants, le mari doit conserver le contrôle de la gestion de la fortune de sa femme. Il demandait donc que la femme séparée eût simplement le droit de s'adresser directement à la justice pour lui demander l'autorisation, sans avoir à la solliciter d'abord du mari. Le Sénat (5) s'est arrêté à un système intermédiaire soutenu par M. Bardoux (6), et qui est celui de la législation italienne; la femme, au profit de qui la séparation de corps aura été prononcée, recouvrera sa pleine capacité et n'aura besoin d'aucune autorisation; si la séparation a été prononcée contre elle, elle demeurera soumise à la nécessité de l'autorisation, mais pourra la demander directement au tribunal.

Le projet décide en outre que la femme cesse d'avoir pour domicile légal celui de son mari.

Ce projet d'un nouveau régime de la séparation de corps, bien qu'on l'ait vivement attaqué (7) au nom de l'autorité maritale, et à cause de la trop grande ressemblance qu'il produit entre la séparation et le divorce, réalise un progrès notable, et fait disparaître un inconvénient de la séparation de corps qu'invoquent les partisans du divorce.

On sait maintenant ce qu'il faut penser des trois considérations alléguées plus haut et d'après lesquelles la séparation de corps présente des inconvénients que n'offre pas le divorce. Il est temps de se demander, encore sur le terrain des avantages ou désavan-

---

(1) *Journal officiel*, Documents parlementaires, Sénat, 1881, p. 259, col. 3.
(2) *Journal officiel*, Débats parlementaires, Sénat, 1887 (18 janvier), p. 21, col. 1.
(3) *Ibidem.*
(4) *Idem*, p. 23, col. 1.
(5) *Idem* (25 janvier), p. 50, col. 1.
(6) *Idem* (20 janvier), p. 37, col. 1.
(7) Blain des Cormiers, *Le Monde* du 26 février 1887.

tages pratiques, si le divorce ne mérite pas des reproches singulièrement mieux fondés.

La séparation de corps, a-t-on dit, sacrifie les intérêts respec-
tables de l'époux innocent. C'est vrai, mais le divorce sacrifie
toujours les intérêts de la femme; en France, en effet, il ne saurait
être qu'une institution dont les femmes souffriront sans en
pouvoir profiter. L'immense majorité des femmes françaises, la
presque totalité est catholique. « Celles même qui ne pratiquent
pas leur religion y adhèrent d'une façon absolue (1). » Or une
femme catholique ne demandera jamais le divorce; si même elle
le provoquait, elle ne s'en servirait pas, car, étant catholique,
elle ne pourra pas se remarier. Le rétablissement du divorce n'a
donc pas pu être autre chose pour les femmes catholiques, c'est-
à-dire pour les femmes françaises, que le rétablissement de la
répudiation (2).

Les enfants ne sont pas moins sacrifiés que la femme par l'institution du divorce. Sans doute la situation des enfants des époux
séparés de corps est affligeante. Les parents s'efforcent souvent de
se les enlever l'un à l'autre, et leur éducation souffrira cruellement de ces tiraillements (3). Mais en cas de divorce les luttes ne
seront-elles pas plus vives encore? Du moins la séparation n'impose jamais aux enfants la douleur de se trouver ballottés entre le
nouveau mariage de leur mère et celui de leur père, et de n'avoir
plus dans l'un ni dans l'autre leur place au foyer (4).

Que va-t-il arriver, en effet, de ces enfants dont le jugement de
divorce aura attribué la garde à l'un des époux? Si c'est le père
qui les garde et se remarie, « ils ne seront pas seulement privés
des caresses maternelles, ils verront une autre femme qui n'est
pas leur mère... qui voudra prétendre à des respects qu'ils n'ont
pas dans leurs cœurs. Et viennent des enfants dans cette union,...
à ces fruits de l'adultère légal toutes les faveurs et toute la prédi-
lection de la mère, peut-être du père lui-même !... Ou bien si c'est
la mère qui se remarie et qui installe les enfants dans son nouveau ménage, la souffrance sera différente, mais ce sera toujours
la douleur et l'humiliation dans le délaissement. Voir leur mère

(1) Jules Simon, *Discours, Journal officiel*, Débats parlementaires, Sénat, 1881
(27 mai), p. 980, col. 2.
(2) Cf. *Idem*, p. 981, col. 1.
(3) Martin Feuillée, *Idem* (29 mai), p. 988, col. 1.
(4) Cf. Allou, *Idem*, p. 992, col. 3

ne plus porter un nom qui est le leur et se parer d'un nom où ils sentiront un outrage; voir chaque jour à la table de la famille la place du père occupée par l'étranger, ne plus pouvoir respecter leur mère et continuer à l'aimer, être traités par le second époux de leur mère avec indifférence d'abord, et, quand des enfants seront venus dans l'union nouvelle, avec rudesse et avec haine (1) ! »

Cette situation des enfants des époux divorcés n'est-elle pas contre nature? « S'il y a une école de dépravation et de démoralisation, la voilà (2) ».

Le divorce n'a pas seulement le tort de sacrifier deux êtres faibles, la femme et l'enfant, il exerce une influence néfaste sur le mariage lui-même. Le mariage, en effet, « vit de concessions mutuelles (3) ». Si les époux savent qu'ils sont unis pour jamais et que, quoi qu'il arrive, il leur faudra vivre ensemble jusqu'à la mort, ils supportent les contrariétés et les chocs de caractères inévitables dans la vie conjugale. L'indissolubilité sera le plus puissant mobile de tolérance réciproque. « Mais avec l'idée du divorce qui fait entrevoir la possibilité de briser cette union et d'en former une nouvelle, les susceptibilités s'enveniment; dans un moment d'irritation, l'idée de se désunir se fait jour; on se dit qu'il est impossible de continuer cette vie commune, et ce germe fatal la rend désormais intolérable; au lieu de pardonner, d'oublier, d'attendre, on additionne les torts, on les exagère, et le triste dénouement arrive (4). »

C'est surtout à l'heure où s'éteint l'amour violent des premiers temps, que ce danger est à craindre. La crise qui survient alors produit une irritabilité maladive qui amènera vite à l'idée du divorce, si la loi le permet. Si l'indissolubilité est imposée par la loi, on continue à vivre ensemble par nécessité; puis au bout de quelque temps vient un sentiment nouveau « aussi touchant que celui des premières années »; (5) et les époux retrouvent le bonheur, tandis qu'ils eussent fait le malheur de toute leur vie, si, à l'époque de la crise, ils n'avaient pas résisté à la pensée du divorce.

---

(1) Chesnelong, *Idem*, (19 juin), p. 1112, col. 3.
(2) J. Simon, *Idem*, (27 mai), p. 984, col. 1.
(3) Allou; *Idem*, (29 mai), p. 992, col. 2.
(4) Terrat, *Conférence à la salle Albert le Grand*, 5 février 1884.
(5) Jules Simon, *Discours. Journal officiel*, Débats parlementaires, Sénat, 1884, 27 mai, p. 982, col. 2.

L'intérêt de la société tant au point de vue économique qu'au point de vue moral est aussi compromis par le divorce.

Si la fille du paysan entre dans la maison de son mari en se disant qu'elle n'en sortira qu'à sa mort, elle épargnera dès le premier jour, et amassera dans les périodes heureuses les ressources nécessaires pour les mauvais jours. C'est grâce à la ménagère encore que son mari pourra de ses économies arrondir son domaine. Mais le jour où la possibilité du divorce lui inspirera la crainte de quitter plus tard cette maison, elle n'aura plus la même ardeur à augmenter la fortune commune (1). Ainsi le divorce ruine l'esprit d'épargne indispensable au développement économique du pays.

Au point de vue moral, il n'est pas moins néfaste en ce qu'il sacrifie l'honneur et la dignité de la femme. « Ce qui fait l'honneur de la femme, c'est qu'elle n'appartient qu'à un seul... Est-ce chose toute simple que de voir cette femme affranchie par le divorce appartenant tour à tour à deux hommes?... Les époux seront vivants tous deux, et la femme passera rougissante, et les deux époux se rencontreront eux-mêmes!... Il y a là quelque chose de cruel, de pénible et douloureux pour la dignité de la femme (2). »

Ce n'est pas tout : la possibilité de se remarier après un divorce vicie l'institution même du mariage. Celui qui sollicite la séparation de corps demande simplement qu'on lui épargne la cohabitation avec une personne qui lui est devenue odieuse : au contraire, il arrive souvent que le demandeur en divorce ait des vues plus éloignées et songe au nouvel époux auquel il s'unira après le divorce. N'arrive-t-il pas qu'une femme, par exemple, pense au divorce dès le jour du mariage et cherche à créer une cause de divorce pour recouvrer sa liberté et épouser celui qu'elle préfère à son mari. « Comment ? En insultant son mari, en lui adressant des injures graves. Non, car alors elle serait victime et le jugement serait prononcé contre elle, il en résulterait une véritable condamnation. Eh bien, alors, elle n'insultera pas, elle se fera insulter, c'est aussi facile (3). »

Voilà comment le divorce porte atteinte au mariage lui-même. Il y a peut-être quelque hardiesse à affirmer que les jeunes filles

(1) Lenoël, *Idem*, 19 juin, p. 1117, col. 3.
(2) Allou, *Idem*, 29 mai, p. 992, col. 1.
(3) J. Simon, *Idem*, 27 mai, p. 982, col. 1.

hésitent à se marier par crainte de se voir abandonner, grâce au divorce, et que le nombre des mariages est diminué par l'effet de la loi qui l'autorise (1). Mais, du moins, l'impossibilité de la réconciliation à laquelle laisse toujours place la séparation de corps, les désunions qu'amène le divorce en décourageant les époux de la tolérance réciproque, la possibilité de songer durant le mariage à s'unir après divorce à un autre époux que l'on préfère, en voilà assez pour compromettre gravement l'institution du mariage et la famille. Or le noyau primitif et la base de la société, n'est-ce pas la famille? Enlever à la société un élément essentiel de solidité, la famille unie et honnête, en y introduisant le divorce, c'est la pousser à sa ruine. Aussi pouvait-on dire en 1881, à la Chambre des députés (2) : « Vous allez ébranler notre institution maîtresse, la véritable molécule sociale de ce pays-ci, le seul élément solide autour duquel vous puissiez grouper vos autres institutions. »

N'est-il pas suffisamment établi dès maintenant que, malgré ses inconvénients, la séparation de corps est un régime bien moins désastreux au point de vue pratique que le divorce? Les partisans du divorce insistent cependant encore en invoquant l'expérience des pays étrangers (3); le divorce, en effet, existe chez tous les peuples civilisés à l'exception de l'Italie, de l'Espagne et du Portugal, et ne semble pas y avoir exercé l'influence désastreuse qu'on lui reproche.

Mais il faut observer que les peuples en question sont d'origine germaine, saxonne ou flamande (4); que, dans ce pays, les effets du divorce sont contrebalancés par d'autres mœurs, par un état politique et social différent du nôtre (5), qu'en Allemagne, le divorce produit certains désordres (6), et que l'exemple de l'Angleterre ne saurait être allégué, la procédure du divorce y étant assez compliquée et coûteuse pour être inabordable (7).

Les peuples de race latine, au contraire, l'Italie, l'Espagne et le Portugal repoussent le divorce, et dans le seul pays de cette

(1) Mgr Freppel, *Idem*, Chambre des députés, 1884 (19 juillet), p. 1772, col. 3.
(2) H. Brisson, *Idem*, 1881 (8 février), p. 194, col. 3.
(3) Emile Labiche, *Idem*, Sénat, 1884 (30 mai), p. 999, col. 3. — Naquet, *Idem*, Chambre des députés, 1881 (7 février), p. 181, col. 2, et 1882 (13 juin), p. 917, col. 2.
(4) Allou, *Idem*, Sénat, 1884 (29 mai), p. 993, col. 2.
(5) Mgr Freppel, *Idem*, Chambre des députés, 1882 (13 juin), p. 894, col. 3.
(6) Louis Legrand, *Idem*, 1881 (5 février, p. 162, col. 3.
(7) *Idem*, col. 2.

race, qui, avec la France, l'ait admis, la Roumanie, il a produit des désordres des plus inquiétants (1).

Tout au moins la statistique, toujours assez incertaine, des peuples étrangers n'était pas assez concluante en faveur du divorce pour justifier son introduction en France. Et l'eût-elle été, on était encore en droit de dire (2) : « Que m'importent ces exemples empruntés aux nations étrangères? Nous avons, nous, nos traditions propres, nos traditions nationales, elles nous suffisent. »

II. — Ce n'est pas assez que de comparer les inconvénients respectifs de la séparation de corps et du divorce au point de vue pratique : il faut aborder la question de principe, celle de la licéité du divorce en lui-même.

Son caractère distinctif consiste en ce qu'il dissout le mariage, tandis que la séparation de corps laisse le lien conjugal intact en dispensant de la cohabitation. Or c'est là une idée contraire à la nature même du mariage. La famille, en effet, n'est pas une création arbitraire et artificielle de l'homme; tous les liens y sont perpétuels par essence, celui du mariage aussi bien que celui de la paternité, l'un n'est pas plus que l'autre susceptible de se dissoudre (3). La loi civile elle-même a consacré ce principe en décidant que l'adoption une fois consentie est irrévocable et forme un lien indissoluble.

Le divorce est également contraire à la volonté des époux. Lorsqu'ils s'unissent, ils veulent si fermement l'éternité de leur union qu'ils se font des dons irrévocables et créent entre eux une communauté de vie et de secrets incompatible avec l'idée de rupture. L'amour, en effet, réclame l'éternité. « Quand l'amour existe entre deux êtres humains, ce n'est pas pour une heure, ce n'est pas pour un jour; au moment où on le ressent on se dit des deux côtés : c'est pour toujours, c'est à jamais (4). »

La pensée de la perpétuité et de l'indissolubilité de l'union est donc la condition essentielle du mariage. « Les époux sont sincères lorsqu'ils échangent cette promesse qui engage le cœur, la volonté, la destinée tout entière : A toi pour jamais (5). »

(1) *Idem*, col. 3. — Cf. Glasson, *Le Mariage civil et le divorce*, 2e édit., p. 276 et 281 et suiv.

(2) Mgr Freppel, *Discours, Journal officiel*, Débats parlementaires, Chambre des députés, 1882, (13 juin), p. 893, col. 3.

(3) E. Durand, *Idem*, p. 900, col. 1.

(4) Jules Simon, *Idem*, Sénat, 1884 (27 mai), p. 982, col. 1.

(5) Lucien Brun, *Idem*, (23 juin), p. 1176, col. 2.

Enfin s'élève contre le divorce un argument capital, l'argument religieux. La doctrine de l'Église a toujours proclamé l'indissolubilité du mariage (1), et condamne le divorce, même en cas d'adultère (2).

Depuis Jésus-Christ jusqu'aux temps modernes, cette doctrine de l'Église romaine s'est conservée intacte sans nulle interruption (3).

Il est vrai que la loi mosaïque, expression de la volonté de Dieu sur le peuple juif, autorise le divorce. Moïse, en effet (4), permet au mari de répudier sa femme s'il la trouve flétrie de quelque souillure. Mais c'est là l'effet du pouvoir marital de l'antiquité qui faisait asseoir l'époux comme juge au tribunal domestique et mettait la femme à ses pieds (5). Du reste, ce droit que le mari seul exerce n'a rien de commun avec le divorce dont la femme peut se prévaloir; s'il détruit toute liberté dans la société conjugale, il n'y institue pas l'anarchie; il conserve du moins l'unité de la famille en laissant au père le gouvernement et la charge des enfants. La répudiation est une menace de la loi dont les mœurs n'abusent pas; puisque chez les Juifs on en voit peu d'exemples jusqu'au retour de la captivité.

D'ailleurs à l'objection tirée de la loi mosaïque, il suffit de répondre que cette loi n'était point parfaite; elle renfermait certains points défectueux qui devaient disparaître avec le souverain législateur de l'Évangile.

Ce perfectionnement de la loi de Moïse (6), Notre-Seigneur Jésus-Christ est venu l'apporter au monde. N'a-t-il pas dit, en effet : « *Moyses ad duritiam cordis vestri permisit vobis dimittere uxores vestras* (7) » ? Cette tolérance est abrogée par le perfectionnement de la loi nouvelle que le Sauveur formule en disant : « *Quod Deus conjunxit homo non separet* (8). »

On objecte encore que l'Église a toléré durant les premiers siècles le divorce pour causes déterminées (9). Mais telle n'est

(1) Encyclique *Arcanum*, p. 6, p. 10 et p. 12.
(2) Concile de Trente, session XXIV, can. 7.
(3) Encyclique *Arcanum*, p. 36.
(4) *Deutéronome*, ch. XXIV, v. 1.
(5) P. Félix, *Conférences de 1860*, p. 169.
(6) Saint Matthieu, ch. V, v. 27. — Encyclique *Arcanum*, p. 2, p. 6 et p. 8.
(7) *Idem*, ch. XIX, v. 8.
(8) *Idem*, ch. XIX, v. 6. — Saint Luc, ch. XVI, v. 18. — Saint Marc, ch. X, v. 11.
(9) Martin Feuillée, *Discours, Journal officiel*, Débats parlementaires, Sénat, 1884 (29 mai), p. 989, col. 1.

point l'exacte vérité; ce qui est vrai c'est que l'Église, ayant à lutter contre des mœurs et une législation fortement établies en faveur du divorce, n'a pas eu durant les premiers siècles assez d'influence pour le faire abolir entièrement, et n'a pu faire disparaître que le divorce par consentement mutuel. Ce n'est pas à dire pour cela qu'elle ait toléré le divorce pour causes déterminées; rien dans sa législation propre ne permet de soutenir une telle assertion, et dès ses premières années elle a combattu de toutes ses forces contre le divorce (1).

Mais, dit-on, si l'Église prohibe le divorce, du moins elle admet quatorze causes de nullité du mariage : il en est « qui sont bien peu définies, et, par suite singulièrement élastiques comme la condition et l'honnêteté. » (2) N'est-ce pas là, conclut-on, une atteinte portée par l'Église elle-même à son principe de l'indissolubilité du mariage ?

Ce raisonnement repose sur d'étranges erreurs. Et d'abord il faut être bien peu familier avec le droit canonique pour trouver élastiques et mal définis les empêchements de condition et d'honnêteté ; on semble croire qu'ils permettent d'annuler le mariage si l'un des époux n'a pas la situation sociale et l'honorabilité sur lesquelles on était en droit de compter. Or il n'en est rien : l'empêchement de condition, *impedimentum conditionis servilis*, est celui qui résulte de la qualité d'esclave chez un des conjoints; celui d'honnêteté annule le mariage entre l'un des deux fiancés et les parents de l'autre. Voilà qui est parfaitement défini.

D'autre part il n'est point permis d'assimiler l'annulation du mariage au divorce. Le mariage est annulé quand il manquait lors de la célébration, d'une des conditions requises; le divorce, au contraire, dissout l'union régulièrement formée, à raison d'un événement ultérieur qui rend difficile la cohabitation. Il contredit l'idée d'indissolubilité, que l'annulation laisse intacte puisqu'elle fait regarder le mariage comme n'ayant jamais existé.

Forcés de reconnaître que l'Église n'admet point de dérogation au principe de l'indissolubilité du mariage, les partisans du divorce se retranchent derrière une dernière objection en disant que, quelle que soit la doctrine catholique, ce n'est pas une raison pour condamner le divorce dans un pays où le catholicisme

(1) Encyclique *Arcanum*, p. 31.
(2) Martin Feuillée, *Discours; Journal officiel*, Débats parlementaires, Sénat, 1884 (29 mars), p. 989, col. 2.

n'est pas religion d'État (1). C'est le principe du catholicisme reconnu comme religion de l'État qui l'a fait abolir en 1816 (2) ; ce régime étant abrogé, rien ne s'oppose plus à son rétablissement.

N'est-il pas cependant souverainement injuste d'introduire une institution condamnée par l'Église dans la législation d'un peuple dont l'immense majorité est catholique?

On répond que la loi n'impose le divorce à personne et que les catholiques sont libres de n'en pas user (3).

Cette proposition n'est malheureusement pas exacte. Il est vrai que les époux catholiques resteront libres de ne demander que la séparation de corps et non le divorce. Mais il arrive que de deux époux un seul soit catholique; c'est la femme d'ordinaire; le mari ne pratique point sa religion : il met sa femme dans la nécessité de se séparer de lui, elle obtient la séparation de corps. Si l'on en restait là, on pourrait dire qu'aucune conscience n'est opprimée : mais le législateur de 1884 a décidé qu'au bout de trois ans, la séparation du corps pouvait être convertie en divorce.

Étant donné que le divorce et la séparation de corps sont tous deux permis, le plus simple et le plus sage eût été de proscrire la conversion. L'un ou l'autre des époux pourrait, après la séparation, demander le divorce, mais ce serait une instance nouvelle et sans lien avec la première. L'époux catholique qui a obtenu la séparation de corps à son profit, s'abstiendrait d'user de la faculté de demander le divorce. Il n'aurait pas à craindre de le voir prononcer contre lui sur la demande de son conjoint, puisque les torts sont du côté de ce dernier.

Le législateur eût encore pu se rallier à un second système, et déclarer que l'époux contre qui la séparation a été prononcée, ne peut pas demander la conversion, car il est coupable; au contraire, son conjoint innocent pourra la demander. Si donc l'époux catholique a obtenu la séparation à son profit, il n'a pas à redouter le divorce, que son conjoint n'est pas admis à demander contre lui.

La loi de 1884 n'a adopté ni l'un ni l'autre de ces systèmes. Ses rédacteurs n'ont pas osé non plus décider comme l'article 310

(1) *Ibidem.*
(2) Léon Renault, *Idem*, Chambre des députés, 1882 (13 juin), p. 903, col. 2.
(3) De Marcère, *Idem*, Sénat, 1884 (19 juin), p. 1114, col. 1.

du Code de 1804 que l'époux coupable pourrait seul demander la conversion. Quelque coupable qu'il soit, disaient les législateurs de 1804, il ne peut pas être condamné au célibat par son conjoint qui refuse de reprendre la vie commune. Statuer en ce sens c'était froisser trop ouvertement les consciences : car l'époux non catholique pouvait ainsi mettre son conjoint dans l'alternative de subir le divorce qu répugne à sa conscience ou de reprendre une vie commune intolérable.

Les auteurs de la loi nouvelle essayèrent d'abord de faire décider, et c'est le système du projet de 1881 (1), que l'un ou l'autre des époux séparés pourrait demander la conversion, mais que le tribunal devrait la prononcer : c'était un simple enregistrement. Cette disposition n'avait plus le tort de donner à l'époux coupable un pouvoir terrible qui était refusé à l'époux innocent ; mais elle déclarait nettement que l'époux non catholique pourrait imposer le divorce à son conjoint malgré sa conscience.

On n'osa pas opprimer aussi ouvertement les convictions catholiques, mais on substitua au mot *decra* dans l'article 310 du Code civil le mot *pourra* (2). Le juge n'est donc pas tenu de prononcer la conversion ; il apprécie et peut la refuser.

Les partisans du divorce qui avaient accepté cette rédaction pour faciliter l'adoption de la loi au Sénat, se réservaient de reprendre plus tard le texte primitif de 1881. MM. Naquet et Léon Renault le firent d'abord sous forme d'amendement au projet de loi relatif à la procédure du divorce présenté au Sénat par le gouvernement le 11 juin 1885 ; mais ils retirèrent leur amendement sur la demande du gouvernement parce qu'il réglait une question de fond et n'était pas à sa place dans une loi de procédure (3). Mais six mois après (4) il le reprirent comme projet de loi spécial (5) ; le Sénat le repoussa le 23 octobre 1886 (6). Cinq jours plus tard, le 28 (7), M. Saint-Martin reprit la même

---

(1) Naquet, *Proposition de loi*, art. 4. *Journal officiel*, Documents parlementaires, Chambre des députés, 1881, p. 1704, col. 3.

(2) *Journal officiel*, Débats parlementaires, Sénat, 1884 (24 juin), p. 1193, col. 2, et p. 1194, col. 2.

(3) Naquet, *Discours, Journal officiel*, Débats parlementaires, Sénat, 1885 (24 décembre), p. 1371, col. 3.

(4) *Idem*, 1886 (21 janvier), p. 13, col. 3.

(5) *Idem*, Documents parlementaires, Sénat, 1886, p. 81, col. 1.

(6) *Idem*, Débats parlementaires, Sénat, 1886 (23 octobre), p. 1146, col. 3.

(7) *Idem*, Chambre des députés, 1886 (28 octobre), p. 1619, col. 1.

— 18 —

proposition (1) devant la Chambre ; pris en considération le 28 mai 1887 (2), le projet n'est pas encore venu en discussion.

Malgré la disposition du texte encore en vigueur d'après lequel le juge peut suivant son appréciation et l'examen des circonstances refuser ou accorder la conversion, la liberté des catholiques n'est pas pour cela sauvegardée. L'époux catholique n'est pas, il est vrai, absolument certain de se voir imposer le divorce malgré lui, mais il en court grand risque. Il y échappera s'il est dans le ressort des tribunaux qui décident (3) que, quand l'époux coupable n'a pas d'autres griefs à invoquer que ceux relevés contre lui par le jugement de séparation de corps, la conversion doit être refusée. Ce système ne violente pas les consciences, car il n'impose pas le divorce à qui n'en veut pas.

Mais d'autres tribunaux (4), partant de cette idée que le législateur de 1884 a jugé le divorce préférable à la séparation, décident que, du moment où il n'y a plus d'espoir de réconciliation, la conversion doit être accordée à l'époux contre qui la séparation a été prononcée, même s'il n'allègue pas d'autres griefs que ceux relevés contre lui par le jugement de séparation. La loi, dit-on, n'a pas voulu maintenir une situation qui ne laisse pas d'autre alternative qu'un célibat rigoureux ou l'adultère ; elle veut donc que la conversion soit accordée. Alors même qu'un mari contre qui la séparation a été prononcée demanderait la conversion pour épouser sa concubine, et qu'il le pourrait faire, la morale, dit un arrêt (5), veut que le juge lui permette en convertissant la séparation en divorce, de substituer à un concubinage immoral une union légale avec la concubine. C'est entendre singulièrement la morale que de légaliser ainsi l'adultère, et de prononcer le divorce contre un époux innocent, malgré ses résistances, malgré ses convictions religieuses, pour les mêmes motifs qui trois ans auparavant ont fait prononcer la séparation de corps à son profit.

Il n'en est pas moins vrai que des tribunaux, au mépris de la foi religieuse d'un époux catholique, lui imposent le divorce auquel il résiste, bien que le jugement de séparation reconnaisse formellement que les torts sont du côté de son conjoint. La pers-

---

(1) *Idem*, Documents parlementaires, Chambre des députés, 1887, p. 1002, col. 2.
(2) *Idem*, Débats parlementaires, Chambre des députés, 1887 (28 mai), p. 1081, col. 1.
(3) Besançon, 27 décembre 1884, Dalloz, 85, II, 99.
(4) Massigli, *Revue critique de législation*, 1886, p. 219.
(5) Caen, 20 avril 1885, Dalloz, 86, II, 99.

pective de ce divorce imposé par la justice au bout de trois ans, empêchera donc l'époux catholique de demander la séparation de corps, la vie commune fût-elle pour lui la plus intolérable.

En somme, le système de la loi de 1884 a sur celui du projet de 1881 un léger avantage, c'est que des tribunaux peuvent ne pas imposer le divorce à l'époux catholique innocent au profit de l'époux coupable, lorsque le premier n'a pas à se reprocher de torts postérieurs à la séparation de corps. Mais, à un autre point de vue, il opprime aussi cruellement, quoique avec moins de franchise, les consciences catholiques, en ce qu'il permet au juge de faire ce que le législateur n'a pas osé faire ouvertement.

On ne peut donc plus dire aux rédacteurs de la loi ce qu'on disait aux auteurs du premier projet voté par la Chambre des députés (1) : « Il n'y a pas dans votre proposition de séparation de corps, il n'y a que le divorce immédiat ou le divorce après un délai de trois ans »; mais on peut le dire à certains tribunaux qui pourtant ne violent pas la loi de 1884. Aussi, l'objection qui consiste à dire que cette loi opprime les consciences des catholiques reste entière, car sa rédaction de l'article 310 du Code civil permet aux tribunaux, si elle ne les y invite pas, d'imposer le divorce au bout de trois ans à l'époux catholique au profit de son conjoint qui, aux termes mêmes du jugement de séparation, a eu tous les torts. N'est-ce point là « fouler manifestement aux pieds les droits des catholiques » (2) ? N'est-ce pas « une violation flagrante des droits de la conscience » ? (3)

III. — La loi du 27 juillet 1884, est donc une des entreprises les plus violentes contre la conscience de l'immense majorité des Français et un des moyens employés pour affaiblir dans les masses les sentiments religieux. Puissions-nous la voir abroger, avant qu'elle ait eu le temps de produire ses déplorables effets ! Puissions-nous revenir aux idées si sages du législateur de 1816 : « Aux yeux de notre religion sainte, disait-il (1), le mariage n'est point un simple contrat naturel ou civil; elle y intervient pour lui imprimer un caractère plus auguste... Une union formée par elle ne doit pas pouvoir être détruite par les hommes, de là son indis-

---

(1) Jules Simon, *Discours, Journal officiel*, Débats parlementaires, Sénat, 1884 (23 juin), p. 1180, col. 3.
(2) Mgr Freppel, *Idem*, Chambre des députés, 1884 (19 juillet), p. 1173, col. 1.
(3) *Ibidem*.
(4) De Trinquelague, *Rapport à la Chambre des députés. Moniteur* du 23 février 1816, p. 202, col. 3.

solubilité religieuse... La loi civile, qui permet le divorce, est donc en opposition avec la loi religieuse. Or cette opposition ne doit pas exister, car la loi civile empruntant sa plus grande force de la loi religieuse, il est contre sa nature d'induire les citoyens à la mépriser. Il faut donc, pour les concilier, que l'une des deux fléchisse et mette ses dispositions en harmonie avec celles de l'autre. Mais la loi religieuse appartient à un ordre de choses fixe, immuable, élevé au-dessus du pouvoir des hommes..., la nature des lois de la religion est de ne varier jamais. C'est donc à la loi civile de céder, et l'interdiction du divorce prononcée par la loi religieuse doit être respectée par elle. »

Paris. — Imprimerie F. Levé, rue Cassette, 17.

PARIS

IMPRIMERIE F. LEVÉ

RUE CASSETTE, 17.